영생을 주는 소녀 1

IVP(InterVarsity Press)는
캠퍼스와 세상 속의 하나님 나라 운동을 지향하는
IVF(InterVarsity Christian Fellowship)의 출판부로
생각하는 그리스도인을 위한 문서 운동을 실천합니다.

1

영생을 주는 소녀

글 김민석
그림 안정혜

Ivp

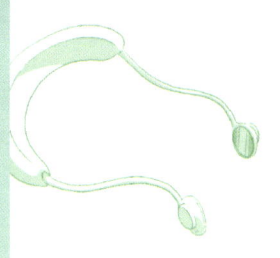

차례

작가의 글　　006
주요 등장 인물　　011

1화　　아빠의 시신　　012

2화　　인간이 변할 수 있게　　038

3화　　보시기에 좋았더라　　068

4화　　선하고도 폭력적인 사람　　100

5화　　도파민 중독　　120

6화　　영생 지옥　　150

7화　　변화를 위한 기도　　186

8화　　신의 형상　　206

주　　235

작가의 글

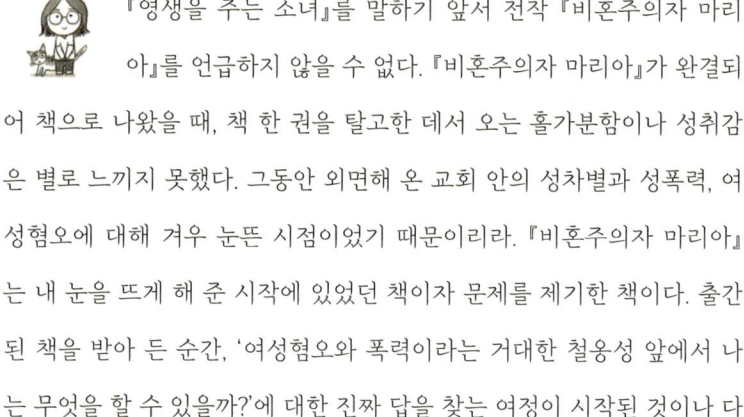『영생을 주는 소녀』를 말하기 앞서 전작 『비혼주의자 마리아』를 언급하지 않을 수 없다. 『비혼주의자 마리아』가 완결되어 책으로 나왔을 때, 책 한 권을 탈고한 데서 오는 홀가분함이나 성취감은 별로 느끼지 못했다. 그동안 외면해 온 교회 안의 성차별과 성폭력, 여성혐오에 대해 겨우 눈뜬 시점이었기 때문이리라. 『비혼주의자 마리아』는 내 눈을 뜨게 해 준 시작에 있었던 책이자 문제를 제기한 책이다. 출간된 책을 받아 든 순간, '여성혐오와 폭력이라는 거대한 철옹성 앞에서 나는 무엇을 할 수 있을까?'에 대한 진짜 답을 찾는 여정이 시작된 것이나 다름없었다.

  동료이자 남편인 김민석(러스트) 작가와 함께 차기작 구상을 하던 중, 덜컥 임신을 했다. 배 속 아이는 아들이었다. 남자아이라는 것을 확인하고 남편도 나도 무척 놀랐다. 아들이라 하니 친정 엄마는 이제야 마음이 놓인다고 말씀하셨다. 하지만 내 마음은 도리어 요동쳤다. '아들이라니, 아들을 어떻게 키우지?' 첫째가 딸이니 둘째도 딸이어서 자매처럼 키우면 좋겠다고 생각했지만, 첫째와 성이 다른 데서 생기는 막연함이 아니었다. 그건

일종의 두려움이었다. '이 땅에서 내가 아들을 잘 키울 수 있을까? 그게 가능한 일인가?'

동시에 나는 두려움의 이면에 있던 속내를 들킨 듯했다. 남성, 곧 여성에게 폭력을 가하는 남성을 향해 가장 쉽게 가질 수 있는 마음이었다. '눈에는 눈, 이에는 이. 너희 남자들도 우리 여자들처럼 당해 봐. 배제당하고 소외당해 봐. 차별받아 봐. 폭력을 당할까 두려워해 봐. 그래 봤자 너희는 우리를 모를 거야. 그러니 너희는 우리와 함께 갈 수 없어.'

이런 식으로 흘러가는 사유는 순간의 해방감을 줄 수 있을지는 모르지만, 폭력이라는 부조리는 절대 사라지지 않는다. 내가 바라는 답을 찾는 여정은 이런 게 아니다. 이 길은 하나님 나라를 향한 길과는 전혀 다른 길이다.

물론, 지금도 소외되고 배제되고 폭력을 당하고 있는 쪽은 압도적으로 여성이 많다. 그러니 여성의 입장에 귀를 더 많이 기울여야 함은 몇 번을 강조해도 지나치지 않다. 그러나 '폭력'이라는, 인류 역사상 해결되지 않은 가장 오래된 악에 대한 해답은 성별에 따라 무 자르듯 명확하게 내려지지 않는다. 남자도 여자도 없는 나라, 대상화에서 벗어나 '나'라는 개인이 인정받는 나라가 내가 믿는 하나님 나라이기 때문이다.

이런 생각을 김민석 작가와 주고받으며 『영생을 주는 소녀』에 대한 밑그림을 함께 그려 갔다. 임신 상태로 주간 연재라는 쉽지 않은 도전을 헤쳐 나가며 출산에 이르렀고, 이제 책 한 권 분량의 이야기를 책으로 묶게 되었다. 아직 완결이 나지 않은 이야기임에도 불구하고 1권을 먼저 출간하자고 제안해 준 IVP 출판사에 감사를 드린다. 또 임신 기간 동안 잦은 휴재와 갑작스런 시즌제 도입에도 기다려 주시고 응원해 주신 독자님들께

도 이 자리를 빌려 진심으로 감사드린다.

『영생을 주는 소녀』 시즌 2가 8월 중순부터 에끌툰에서 시작된다. 육아와 주간 연재 병행이라는 새로운 도전과 함께 이야기의 마무리로 나아갈 예정이다. 남편이자 동료인 김민석 작가와 함께 치열하게 고민하고 애정을 담아 그려 나가는 이야기들을 마지막까지 함께 봐 주시길 부탁드린다. 답답하고 고단한 우리 삶처럼, 끝이 보이지 않는 굵은 빗줄기를 쏟아붓는 장마가 이어지고 있다. 어서 두터운 구름 사이로 밝은 빛이 비추이길 기도한다.

2020년 여름

그림 작가 안정혜

폭력의 문제는 해결될 수 있을까? 이전에 별로 해 보지 못한 질문에서 이 작품은 시작되었다. 동료 작가이자 아내인 안정혜(린든) 작가가 『비혼주의자 마리아』를 작업하는 과정에서 수집한 많은 자료를 보며, 광범위하게 퍼져 있는 교회 내 성차별과 성폭력을 내가 그동안 몰랐다는 사실에 너무나 부끄러웠다. 부끄러움에서 출발한 나의 시선은 교회뿐만이 아닌 사회 곳곳으로 옮겨 갔다.

누구라도, 여성이 겪는 문제에 조금이라도 관심을 갖고 찾아본다면 금세 깨달을 것이다. 성차별과 성폭력의 문제가 이 세상 곳곳에 얼마나 촘촘하고도 견고하게 퍼져 있는지를 말이다. 그중 문제가 매우 심각한 곳이 내가 발을 딛고 살아가는 한국 사회라는 점이 내게는 큰 충격이었다. 클럽

'버닝썬'을 중심으로 벌어진 약물 성범죄와 불법 촬영물 유포 및 성매매 사건, 아동을 대상으로 한 성범죄와 아동 학대 촬영물을 전 세계에 유포한 사건, 더욱이 그 운영자에게 고작 1년 6개월 형을 선고해 놓고 미국의 범죄인 인도마저 거부하여 성범죄자를 비호하는 국가라는 오명을 뒤집어쓰게 만든 한국 법원, 미성년 여성들을 협박하여 촬영한 음란 영상물을 텔레그램에서 수만 명의 남성이 구매한 n번방 사건, 최근 세 건이나 연이어 발생한 지자체장 성범죄 사건. 그리고 계속해서, 끝없이, 이어지고 있는 교회 내 성범죄까지. 이 견고한 폭력의 고리들에 마음이 무너지던 차에 문득 생각났다. 성경에서 '하나님의 심판'은 인간의 '폭력'이 땅에 채워질 때마다 언급되었다는 사실이.

"…모든 혈육 있는 자의 포악함이 땅에 가득하므로 그 끝 날이 내 앞에 이르렀으니 내가 그들을 땅과 함께 멸하리라." (창세기 6:13)

폭력은 하나님이 인간이라는 존재를 창조한 것을 후회하시게 만든 근본 이유였다. 폭력이 인간 죄성의 핵심에 놓인 문제라면, 죄 문제에 대한 해결책으로 주어진 예수의 복음에도 폭력의 문제에 대한 답이 있을까? 『영생을 주는 소녀』는 바로 이러한 폭력의 문제에 대한 질문과 근미래적 SF 작품을 꼭 해 보고 싶었던 두 작가의 사심이 가득 담겨서 시작되었다.

    기독교 웹툰으로서는 다소 파격적인 이 작품의 출간을 결정해 준 IVP에 감사드리며, 출간 작업으로 수고해 주신 이종연 간사님과 모든 IVP 직원분들께 감사드린다. 아울러 뛰어난 작화로 수고하면서 이야기 구성에도 끊임없이 영감을 불어넣어 준 안정혜 작가에게 특별한 감사를 전한다.

'영생'은 이 작품에서 문자 그대로 '영원한 생명'이라는 의미로도 쓰이지만, 궁극적으로는 기독교가 추구하는 이상향을 가리킨다(실제로 요한복음에서는 '영생'이라는 단어가 '하나님 나라'와 거의 동일한 의미로 쓰이기도 한다). 그래서 이 작품의 주인공들은 폭력이 사라진 세상, 피해자들의 눈물과 고통이 더는 존재하지 않는 세상, 서로를 욕망의 대상이 아닌 이해와 공감의 대상으로 바라보게 될 세상을 감히 바라보며 나아간다. 이들의 걸음이 끝까지 멈추지 않으면 좋겠다.

2020년 여름
글 작가 김민석

주요 등장 인물

윤다라
뇌과학을 복수 전공한 개발자.
유명 목사인 아버지가 어머니를 향해 휘두르는 폭력을
수없이 보며 자랐다. 변화를 열망하며, 에붐의 대표
이도연을 동경한다.

이도연
IT/의료 기업 '에붐'의 대표이사.
변화를 위한 기기 '토브'를 비밀리에 개발 중이며,
과거의 사건으로 인한 복수심과, 세상을 변화시키겠다는
선한 열망 사이에서 갈등한다.

윤민후
윤다라의 아버지.
유명 목사이자 신학대학교 이사장이기도 하다.
의문의 사고를 당해 시체로 발견된다.

장지오
'에붐'의 사목이며, 장환 회장의 딸.
이도연 대표의 비전에 반대하며, 에붐을 차지하려는
야망을 품고 있다.

1화

아빠의 시신

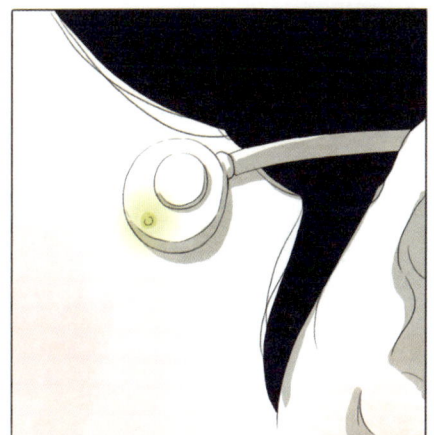
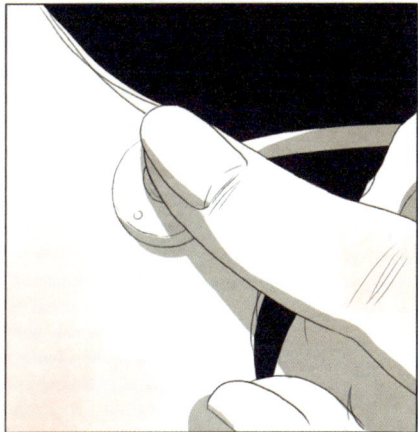

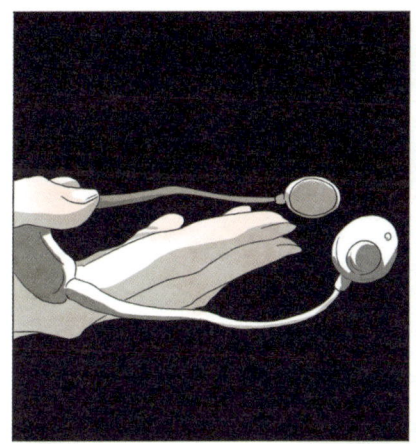

이 땅에서 영생을 누리실래요?

아빠가 시신으로 발견됐다.

행방불명된 지 일주일 만에.

내가 이력서를 넣은 곳이 바로 거기라고, '에붐'이라고는 차마 말 못했다.

아빠 말 무슨 말인지 알아들어?

알았어. 알았다고.

'에붐'에서 나온 '스피릿'은 독보적인 건강 관리 밴드다.

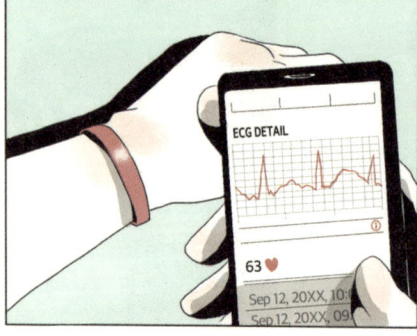

정교한 심전도 측정으로 심장 관련 질환을 대부분 감지하고, 맥박 산소, 호흡 수 그리고 비침습센서를 통한 혈당 측정까지 해낸다.

맥박이 뛰는 압력으로 전기를 생성해서 별도로 충전할 필요가 없으며, 병원들과도 긴밀히 연계되어서 현재 중년층 이상에서는 꽤 보편화되어 있는 기기다.

에붐의 이도연 대표는 스피릿 외에도 앞으로 사람들의 삶을 이롭게 할 도구들을 지속적으로 개발해 갈 것이라고 했고

난 에붐의 놀라운 기술력과 이도연 대표의 비전에 매료되어, 개발자로서 이 회사에 꼭 들어가야겠다고 마음먹었었다.

죽은 게 아니라 차라리 도망가서 어디 숨어 있는 거였으면 좋겠다.

그러면 찾아내서, 본인이 저지른 일들 전부 스스로 죗값 치르고 책임지게 할 수 있잖아.

2화 인간이 변할 수 있게

내가 꿈에 그리던 회사 '에붐'에 정말로 들어가게 되다니.

여기가 에붐이구나.

사람들이 되게 자유로워 보인다.

윤다라 씨 군요?

윤다라 입사 1일 전

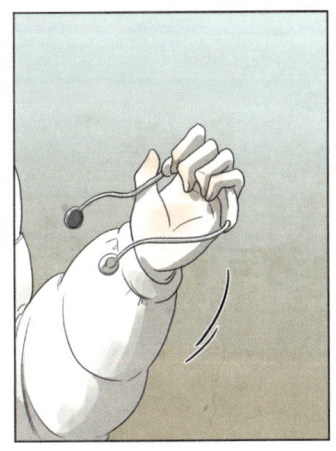

3화

보시기에 좋았더라

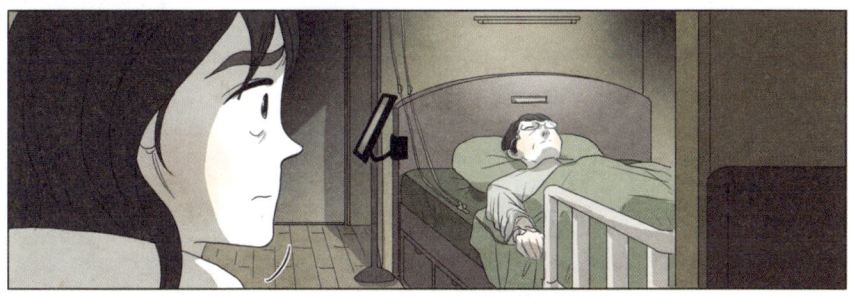

사과받고 싶다.

태어나서 단 한 번도 들어 본 적이 없다.
아빠가 엄마나 나한테 진심으로
사과하는 걸.

아빠를 데리고 여기서 탈출한다 한들…
결국 아빠는 변함없이 엄마랑 나를
힘들게 할 거다.

눈물 회개와 잠시 동안의 안정,
그리고 다시 폭력과 나쁜 짓을 저지르는
악순환이 또 이어지겠지.

그러니까…
정말…
정말로
바뀔 수만
있다면…

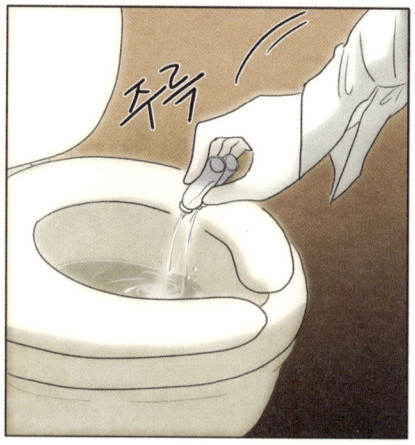

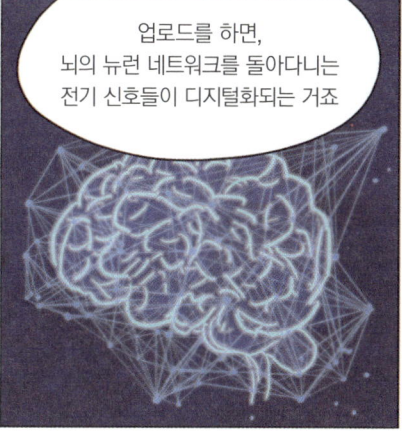

4화 선하고도 폭력적인 사람

아빠한테서 벗어나고 싶어서 이 회사 들어왔는데… 결국 여기서도 아빠를 봐야 하네.

아빠는 항상 내 신앙을 걱정했지만 그거 알아?

넌 끝까지
아빠 말
안 들었구나.

5화 도파민 중독

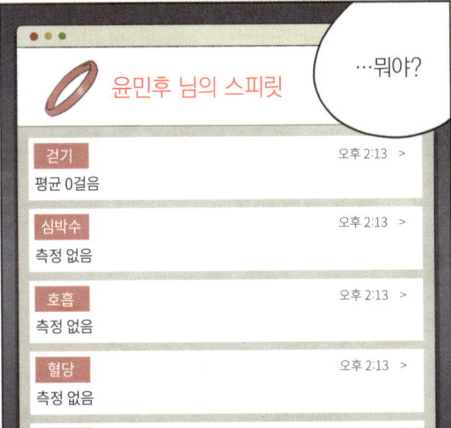

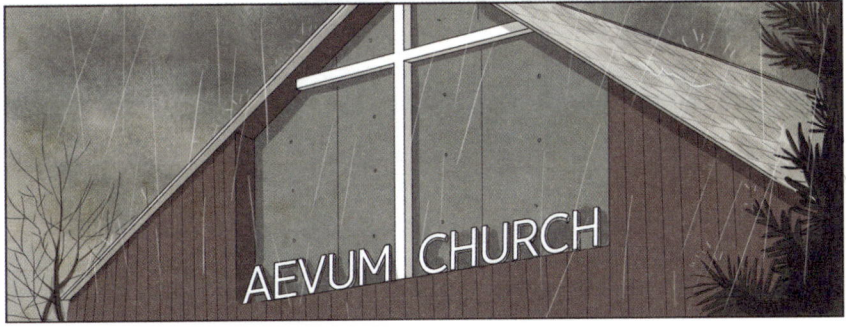

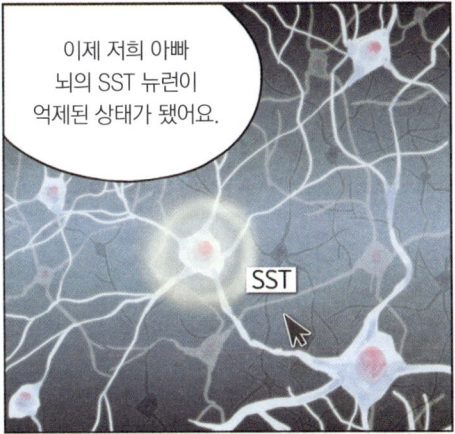

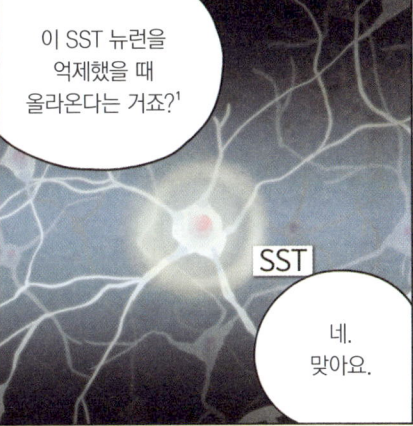

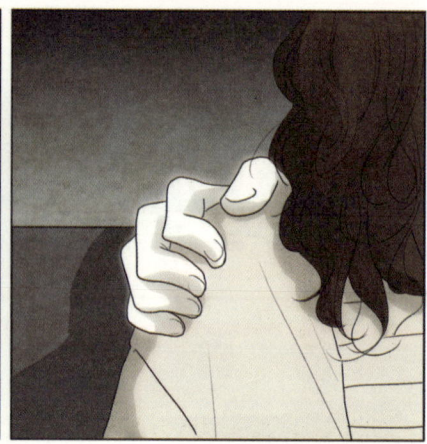

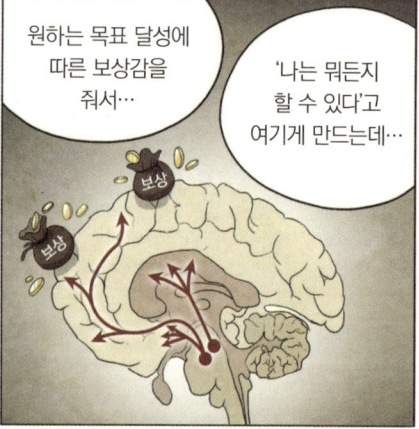

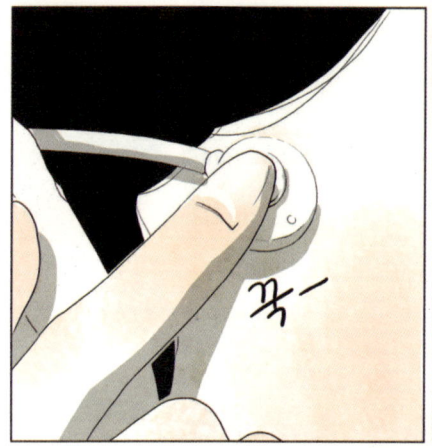
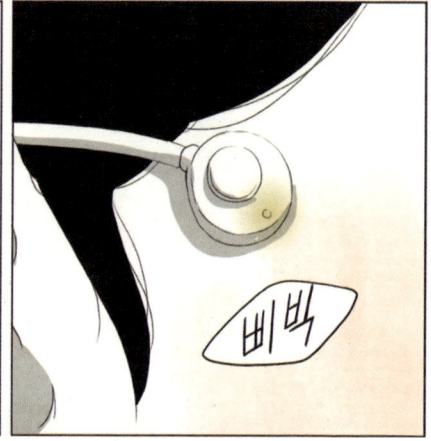

6화

영생 지옥

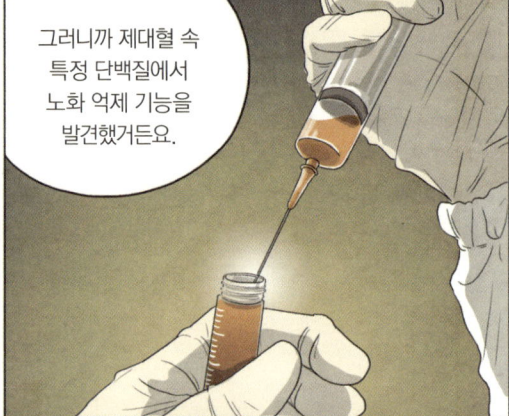

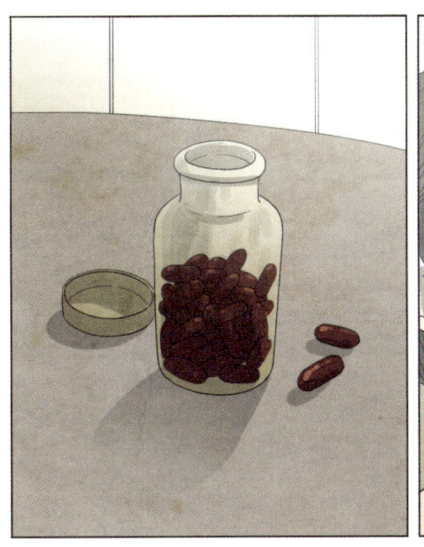

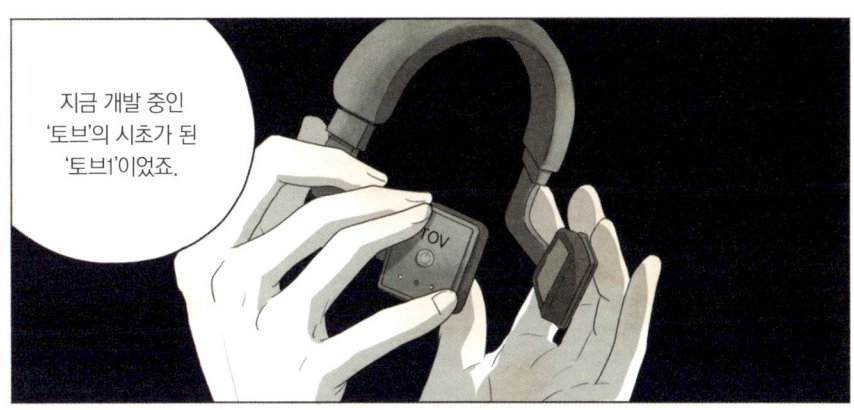

장 회장은 마음 건강 기기 개발을 위해 이도연, 이수연 자매의 '토브'를 인수합병했어요.

당시엔 다들 좋은 일이라 생각했었대요. 서로 윈윈인 M&A였으니까…

에붐 안에서 이도연 대표님은 주로 경영 업무를 맡게 되었고

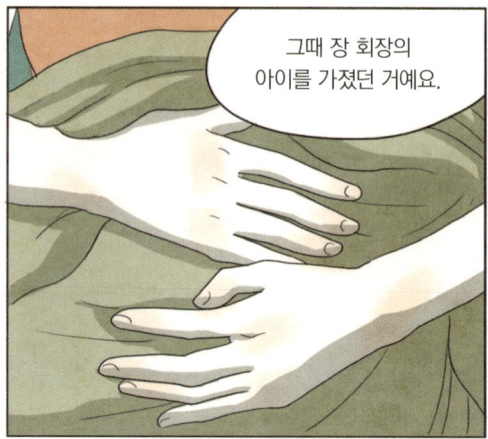

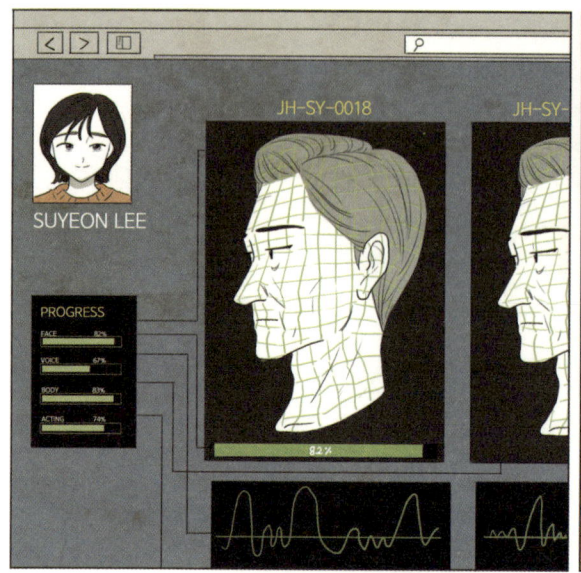

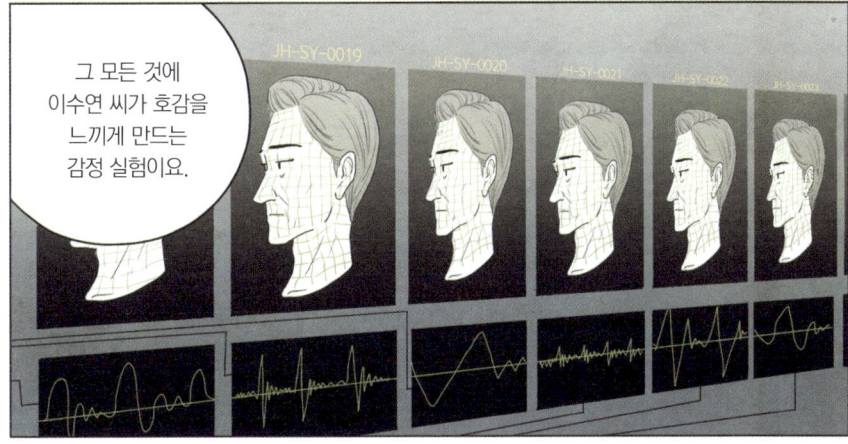

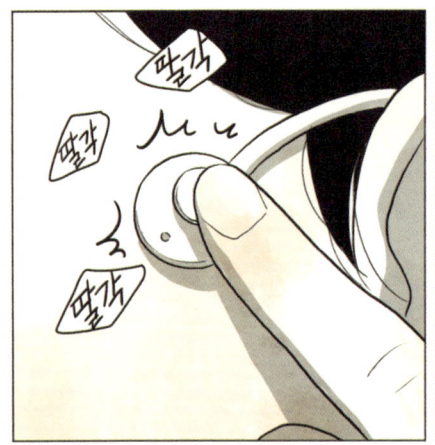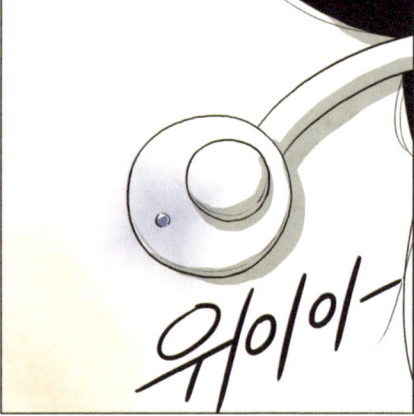

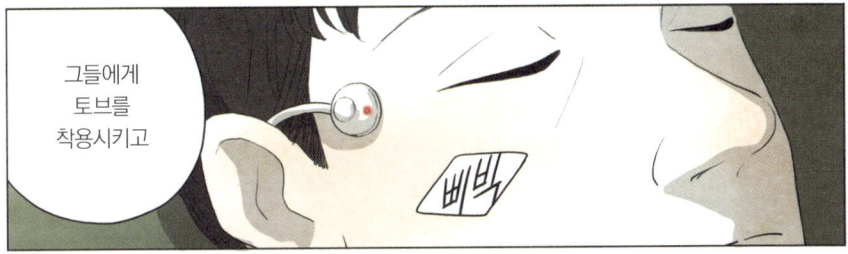

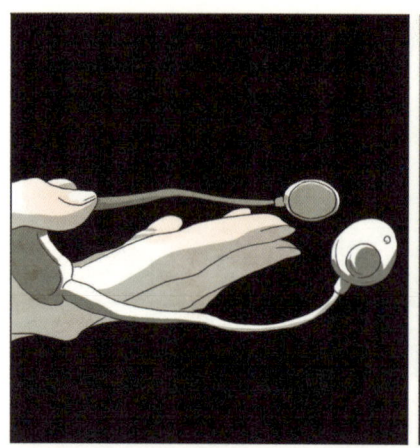

이 땅에서
영생을
누리실래요?

7화

변화를 위한 기도

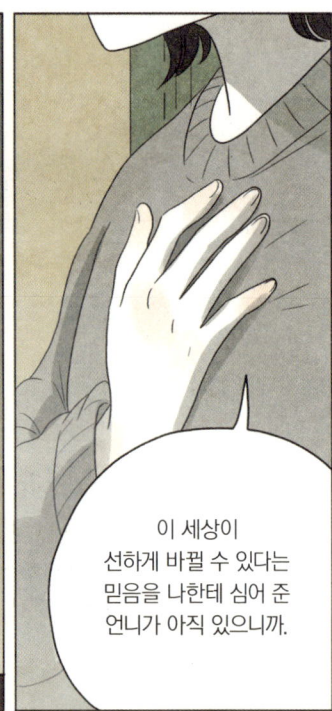

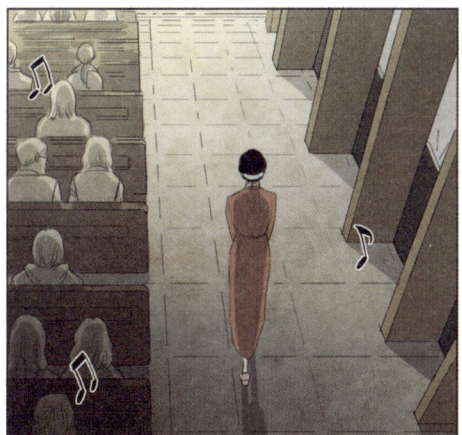

8화

신의 형상

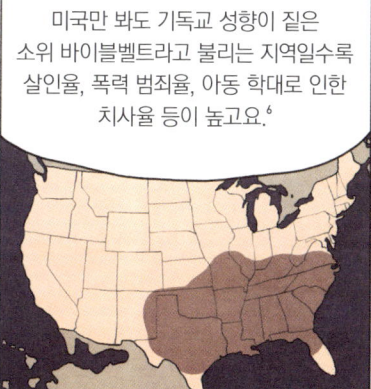

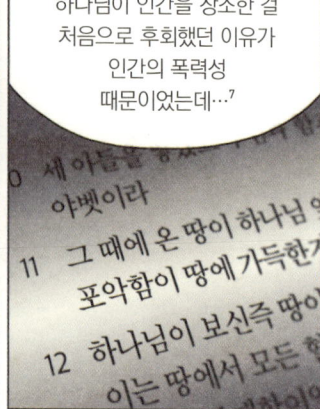

2권으로 이어집니다.

주

1 Sehoon Keum 외 5명, "A Missense Variant at *Nrxn3* Locus Enhances Empathy Fear in the Mouse", *Neuron*(Cell Press).
2 창세기 1:26.
3 리처드 미들턴, 『해방의 형상: 창세기 1장의 이마고 데이』(SFC출판부). 140-144, 168면.
4 같은 책, 145-146면.
5 필 주커먼, 『종교 없는 삶』(판미동), 116-122면.
6 같은 책, 123-125면.
7 창세기 6:11-13.

영생을 주는 소녀 1

초판 발행_ 2020년 9월 7일

글쓴이_ 김민석
그린이_ 안정혜
펴낸이_ 신현기

펴낸곳_ 한국기독학생회출판부
등록번호_ 제313-2001-198호(1978.6.1)
주소_ 04031 서울시 마포구 동교로 156-10
대표 전화_ (02)337-2257 팩스_ (02)337-2258
영업 전화_ (02)338-2282 팩스_ 080-915-1515
홈페이지_ www.ivp.co.kr 이메일_ ivp@ivp.co.kr
ISBN 978-89-328-1772-9
    978-89-328-1778-1 (세트)

ⓒ 김민석, 안정혜 2020

책값은 뒤표지에 있습니다.
무단 전재와 복제를 금합니다.